Un árbol cruza la ciudad

A Tree Crossing the City

MUSEO SALVAJE

Colección de poesía

───────────────────────

Poetry Collection

WILD MUSEUM

Miguel Ángel Zapata

UN ÁRBOL CRUZA LA CIUDAD

A TREE CROSSING THE CITY

Traducción / Translation
Gwendolyn Osterwald

Nueva York Poetry Press LLC
128 Madison Avenue, Oficina 2RN
New York, NY 10016, USA
Teléfono: +1(929)354-7778
nuevayork.poetrypress@gmail.com
www.nuevayorkpoetrypress.com

LIBRO EN COEDICIÓN
© Primera edición en Buenos Aires, 2020, Abisinia Editorial
© Primera edición en Bogotá: 2020, Editorial Escarabajo Ltda.

Un árbol cruza la ciudad
A Tree Crossing the City
© 2020, Miguel Ángel Zapata

ISBN-13: 978-1-950474-18-9

© Traducción:
Gwendolyn Osterwald

© Colección Museo Salvaje vol. 23
(Homenaje a Olga Orozco)

© Dirección editorial: Marisa Russo

© Cuidado de edición: Francisco Trejo

© Diagramación: Luis Rodríguez Romero

© Diseño de portada: William Velásquez Vásquez

© Fotografía:
Mar Russo (pp. 7, 17, 59, 85, 139, 153)
Josefina Russo (pp. 45, 105, 119 y portada)
Telma Viale (p. 71)

Zapata, Miguel Ángel
Un árbol cruza la ciudad / A Tree Crossing the City. Miguel Ángel Zapata; 1a edi-- New York: Nueva York Poetry Press, 2020. 198 pp. 5.25 x 8 inches.

1. Poesía peruana. 2. Poesía sudamericana. 3. Poesía latinoamericana.

Todos los derechos reservados. Esta publicación no puede ser reproducida, ni en todo ni en parte, ni registrada en o transmitida por, un sistema de recuperación de información, en electroóptico, por fotocopia, o cualquier otro, sin el permiso previo por escrito de la editorial, excepto en casos de citación breve en reseñas críticas y otros usos no comerciales permitidos por la ley de derechos de autor. Para solicitar permiso, contacte a la editora por correo electrónico: nuevayork.poetrypress@gmail.com.

*En las ciudades la vida es más corta
que aquí en mi casa arriba de este otero.
En la ciudad las casas grandes cierran la vista con llave,
ocultan el horizonte, empujando nuestra mirada lejos de
todo cielo,
nos vuelven pequeños porque nos quitan lo que nuestros
ojos nos pueden dar,
y nos vuelven pobres porque nuestra única riqueza es ver.*

FERNANDO PESSOA

*In cities life is shorter
than here in my house on the hill.
In the city grand houses cover the sights like a blanket,
they hide the horizon, pushing our eyes away
from the heavens,
they make us small because they take away what our
eyes can give us,
and they make us poor because our only treasure is sight.*

FERNANDO PESSOA

Ventana afuera,
el viento
se manifiesta
en árboles.
Detrás, columnas griegas.
Y todavía detrás
el milagroso mar.

FRANCISCO CERVANTES

A window outside,
the wind
sweeping
through the trees.
Behind them, Greek columns.
And yet behind them
the miraculous sea.

FRANCISCO CERVANTES

Árboles plantados en los lagos cuyo fruto es una estrella

CARLOS OQUENDO DE AMAT

Trees planted in the lakes whose fruit is a star

CARLOS OQUENDO DE AMAT

I

PRÓLOGO

Escribo poesía caminando.

Árboles como estrellas en el
patio lleno de geranios.

Las ciudades pasan con sus ojeras
bebiéndose toda el agua de las calles.

Dios es el río: un aire de mar brota
de su casa, relámpagos y cuervos
embellecen otra vez las nubes.

Allá las torres y los siete mares,
aquellos reyes coronados por ellos
mismos en el festín de la poesía.

Aquí multitudes de arcos abren los
portones para poder ver el corazón.

La poesía es así: un árbol desconocido
que cruza la ciudad.

PROLOGUE

Walking I write poetry.

Trees are stars on the
patio full of geraniums.

Cities pass by with bags under
their eyes, drinking in all the
water from the streets.

God is the river: ocean air
Sweeps from his house, lightning
and ravens embellish the clouds again.

There the towers and the seven seas,
those kings crowned themselves
at the festival of poetry.

Here multitudes of arches open
their gates to be able to see the heart.

Poetry is this: an unknown tree
crossing the city.

UN ÁRBOL CRUZA LA CIUDAD

Un árbol cruza la ciudad con
pájaros oscuros.

Desde la ventana la lluvia ligera
engaña como la nieve negra.

El árbol clavado en la tierra se sube
despacio sobre las casas,
trepa más allá de su torbellino, y se
levanta ante la angustia de todos los
males.

En el nombre del árbol, en el nombre
del cielo, los anillos de su corazón.

A TREE CROSSING THE CITY

A tree crosses the city with
raven-dark birds.

From the window delicate drizzle
masquerades as stygian snow.

The tree affixed to the ground rises
slowly over the houses, scaling ever
higher in its whirlwind, and it
rises up before the anguish of all
that is bad.

In the name of the tree, in the name
of the heavens, the rings of your heart.

CADA DÍA

Cada día una derrota con la palabra
enterrada en el patio sin relevo.
Ahí, en ese forestal sin aves, el cielo
demacrado borra su penúltimo aliento.
Cada día, volver a comenzar al pie del
árbol, esperando un aire nuevo que
respire como un bambú mutilado.
Cada día, el canto persistente de tus
ancestros, aquellos libros de aves y
praderas perdidas en la nada.

Cada día, el intento fallido del
ángel y su gran espada de combate.

EVERY DAY

Every day a defeat with the words left unsaid,
buried outside under the patio without relief.
There, in that forest without birds, the gaunt sky
erases its penultimate breath. Every day beginning
again at the foot of the shrub, waiting for a new
air that may breathe like mutilated bamboo.
Every day, the silence and the persistent song
of your ancestors, those books about birds and
meadows lost to time.

Every day, the failed intent of the angel and his
great war-sword.

El Árbol

Le puse un nombre a este árbol
inclinado con las ramas abiertas
como un altar hasta el cielo.
Sin nubes, baja cada mañana,
y con mucha astucia describe
la tempestad de una flor.

THE TREE

I gave a name to this tree,
leaning with open arms
like an altar to the heavens.
Cloudless, goes down each morning,
and very cleverly describes
the turmoil of a flower.

CASA DE CAMPO
(verano, Madrid, 2016)

Las urracas de colores dejan sus alas en el abismo.

Altas torres verdes: frutos de la liebre inalcanzable,
sin dolor ni muros se despliega la luminaria de su
corteza, y los árboles alientan el paso de los
ciclistas. Las chicas empeñadas en forjar músculos
firmes como el acero, sus frentes y sus sexos como
rubíes humedeciendo la casa de campo.

El teleférico reescribe la región de los siglos mientras
otra aurora nace sin collares ni vistosas perlas,
escribe sobre el aire de la ciudad, siente su verdor
entre los valles y un río se adelgaza con el sol
desmemoriado.

El Rosedal tiene la sazón de la rosa que fluye,
el labrador de la naturaleza sabe del agua
de la fuente que se confunde con el fuego.
Escribe el teleférico como un fotógrafo peregrino
desatando la armadura del aire, y se siente la sangre
de la invasión de las playas del sur
por aquel oro que no es tigre ni dorado atardecer-

Las bicicletas crean un impulso de vencedor, un aliento
por recibir como presea la energía del oxígeno del cielo
y las piernas largas de una muchacha que nos
doblega.

CONTRY HOUSE
(Summer, Madrid, 2016)

Colorful magpies leave their wings to the abyss.

Tall green towers: fruits of the unattainable hare's speed,
painless and without walls the light from their bark
unfolds, and the trees enliven bicyclists'
routes. Girls stubbornly forge muscles
firm as steel, their foreheads and sexes like
rubies, dampening Casa de Campo with their sweat.

The cable car rewrites that centuries' old region while
another dawn is born, without necklaces or lustrous
                                                    pearls,
writing over the city air, feeling the greenery
among the valleys, and a river thins in the forgetful sun.

The Rosedal has the ripeness of a blooming rose,
nature's farmer knows of the fountain's
water that mistakes itself for fire.
The cable car writes like a traveling photograph
unleashing the air's armor, and it feels blood
from the southern beaches' invasion
for that gold that isn't a tiger nor golden twilight –

The bicycles make you feel like a winner, an inspiration
receiving energy from the heaven's oxygen and
the long legs of a woman who beats us
as a prize.

Sube la cuesta y el arrecife, siente el cielo, los muslos
firmes con sus cabelleras largas que estabilizan el
                                                  universo.

Ella, la de ojos de zafiro, relame su voz ante los panales
deliciosos, y cuajada de sol y florida de colores,
                                              emplumada,
coge vuelo con los árboles y camina contra la fuente,
en beneficio de la buena salud de los bosques, mientras
todos se deshacen al verla correr.

A lo lejos, nos espera el mar.

Tal vez el mar pueda entrar por este río, empequeñecido
por la brevedad de una frase o el canto de una mariposa.

Climb the hill and the reef, feel the heavens, firm
muscles with her long hair stabilizing the universe.

She, the one with the sapphire eyes, relish her voice before
                                                                         delicious
honeycombs, and sun-filled and blooming with color,
emplumaged, she takes flight among the trees and walks
her own path, benefiting the forest's health, while all
who watch her fly past them melt.

Far away, the ocean awaits us.

Maybe the ocean could enter this river, made small by
the brevity of a phrase or the song of a butterfly.

El grito de Munch

Camino ensangrentado por el puente de Brooklyn.
Acabo de cometer un crimen imperdonable.
He escrito un poema bajo el cielo color sangre y
se han sanado todas mis heridas.

Es la primera vez que escribo confundido en un
puente de fierro partido por la mitad.

Se oye el lamento de los glaciares y el cielo tiembla.
Las palabras se sobrecogen en el vacío de la ciudad,
y el puente se quiebra ante la negrura de un fiordo.

Un árbol llora su soledad y yo busco mi remanso
en un glaciar sin fondo.

Estoy perdido en una calle gélida de Nueva York y
ningún rascacielos escucha mis lamentos.

La poesía tiene color sangre y el dolor retumba
tiernamente en el corazón de todos los puentes.

MUNCH'S SCREAM

I walk bloodied over the Brooklyn Bridge.
I just committed an unforgiveable crime.
I have written a poem beneath the blood-filled sky and
all my wounds have healed.

It is the first time that I write confusedly on an
iron bridge parted down the middle.

The lament of glaciers is heard and the heavens tremble.
Words are overcome by the city's emptiness,
and the bridge breaks before the blackness of a fjord.

A tree cries its solitude and I search for my refuge
in a glacier without end.

I am lost on an icy street in New York
and no skyscraper listens to my laments.

Poetry is the colour of blood and pain resounds
tenderly in the heart of every bridge.

Variación de un poema de Brodsky

Estás sentado en tu patio de la calle Jerome Road.

Afuera llueve y el cielo es una jaula.

El bosque es solo parte de un árbol.
El patio desea un árbol de cerezos.

Tienes vino tinto, pan, cebollas.
La vajilla está lavada.

Has salido varias veces a regar todos los
árboles de la calle.

Tus vecinos piensan que has enloquecido.

Como un perro persigues el látigo de la prudencia.

Eres feliz aquí.

Octubre, 2016.

VARIATION ON A BRODSKY POEM

You're seated on your patio on Jerome Road.

Outside it rains and the sky is a prison.

The forest is only part of the tree.
The patio desires a cherry tree.

You have red wine, bread, onions.
The dishes are washed.

You've already gone out a few times to water
all the trees on your street.

Your neighbors believe you have lost your mind.

You hunt for the lash of prudency like a bloodhound.

You are happy here.

October, 2016.

UNA FOTO DE MI MADRE

Mi madre a sus dieciocho: talle fino, espinazo duro/ morena, delgada cabellos largos, pardos los ojos como chacra de tamarindo. Le cuento cosas del frio las noches del insomne. Sus trenzas no han cambiado con el tiempo, solo una brisa blanca le adorna la frente. La miro y siento que me dice algo mientras la noche se apaga y de pronto se prenden aves alrededor de su pelo negro.

A Photo of my Mother

My mother at eighteen: small waisted, dark/hard backbone, thin long hair, eyes dark like tamarind chakra. I tell her things about the cold and of insomniac nights. Her braids have not changed with time, only a white breeze adorns her brow. I look at her and I feel that she tells me something while the night comes to a close and suddenly birds fasten themselves to her raven-black hair.

SONATA PARA ARPEGGIONE
(Schubert, nov. 1824)

El chelo te apunta directo
al corazón y salen palabras
como si fueran cuerdas
descolgadas de
tus ojos,
música de campo, allá
donde te vuelves el
director de orquesta que
improvisa una grata folía
mientras llueve
en toda la tierra, y sales airoso
a caminar por las calles tranquilas,
la lluvia fina que te recibe
como un castillo de fuego
abre el cielo, y todos los árboles
vuelven a caminar contigo.

SONATA FOR ARPEGGIONE
(Schubert, nov. 1824)

The cello points straight
at your heart and words fall
as if they were ropes cut
from your eyes,
country music, there
where you become the
orchestra director
improvising a pleasing Folia
while rain falls
on all the earth, and airily you leave
to walk along those tranquil streets,
the fine mist welcoming you
and like a castle of fire
the heavens open, and every tree
returns to walk alongside you.

MARINA

Los poemas de Marina
subieron por el sueño
de un muro solitario,
y como una antorcha
se encendieron en tus
ojos y tus labios,
y se abrió mi antigua
ventana en plena calle,
y se abrieron el aroma
de las alhucemas y los
lirios urbanos…
aquella ventana
que se había perdido en
en medio de la calle
volvió a mostrarte
su lucero…

y yo te decía:
es el sonido de la luz
que susurra en tu
oído,
el espesor de tus pestañas
largas…tu cabello que
alborota

Eres la llama milagrosa
que va quemando toda
la poesía.

MARINA

Marina's poems
arose through the dream
of a solitary wall,
and like a torch,
they lit up in your
eyes and your lips,
and my ancient window
opened mid-street,
and the aroma of lavender
and urban lilies
unfurled themselves…
that window
which had gotten lost
in the middle of the street
returned to show you
its star…

and I once told you:
it is the sound of light
that whispers in your
ear,
the thickness of your long
eyelashes… your hair that
sways in the breeze

You are the miraculous flame
that burns all
poetry.

EL ARTE DE LA SOLEDAD
(II)

Estás en casa felizmente contigo, alegre, y sin nadie
a tu costado: la mesa larga de madera, un cuadro
de Eielson, varios Quintanilla, viejos libros, vino tinto,
tallarines en salsa roja y el pan al ajo una delicia.

Queda todavía el olor de las almohadas arrugadas, el
momento hueco del abrazo, y las fantasmas que
vuelven como alhucemas a distraer tu grata compañía
cada noche.

THE ART OF SOLITUDE
(II)

You're at home- happily alone with yourself, content,
and with nobody at your side: the large wooden table,
a painting of Eielson, some Quintanillas, old tomes,
red wine, noodles in red sauce and garlic bread- a delight.

There's still the scent of wrinkled pillows,
the hollow moment of an embrace, and the phantasms who return, like the scent of lavender, to distract your pleasant company every night.

II

La nueva torre y su manzana

Hoy estalló una buganvilla: se cayeron los andamios y las frutas rodaron por las calles de la ciudad sin nombre. El poema finalmente sucedió en una orquídea, caminando hacia la Villa del Este o la Villa del Oeste, allá donde pastan elefantas y hermosas dinosaurias.

THE NEW TOWER AND ITS APPLE

Today a bougainvillea bloomed: its stilts fell to the ground and her fruits rolled through the streets of the city without name. The poem finally became an orchid, walking toward the Villa del Este or Villa del Oeste, there where elephants and beautiful dinosaurs graze.

FLORENCIA
Primera visión

El río es veloz, casi violento y sin que nadie
lo note se sube hasta el campanario del puente
viejo.

El río es el río, y los bares son todos iguales
en Florencia: algo de su olor se pega en tu piel,
y no hay fuego que lo sofoque: cuerpos de
doncellas humedecidas te seducen para
perderte en la dulce morada del paraíso.

El río es inquieto, abre la grieta y sobrevive al
vino y las sirenas.
No puedes volar por el río y buscar el purgatorio
antes del primer sorbo.

La palabra reconoce el sentido del viaje, aquel
pájaro negro que se posa en un poste de luz y
te habla del tiempo repetido entre las aguas.

FLORENCE
First vision

The river flows rapidly, almost violently, and with no one
noting its rise to the old bridge's belltower.

The river is a river, and the bars are all the same
in Florence: a part of its scent lingers on your skin,
and there's no fire to put it out: sweat-dampened
bodies of damsels tempt you
to lose yourself in the wine-coloured sweetness of paradise.

The river is inquiet, letting out a scream and it outlasts
the wine and mermaids.
You cannot fly along the river and find Purgatory
before the first sip is taken.

The word acknowledges the meaning of the trip, that
raven-dark bird who poses on a lamppost and
speaks to you of time repeated beneath the waters.

EL ARNO

Escribo sobre cadáveres y viejos ríos presumiendo de océanos, balcones fundidos en oro, residuos de madreselvas amarillas.

También podría escribir sobre la guerra o los helados al lado del puente romano: mariposas tristes en los escaparates con Pinocho guiñándote el ojo, el café de las esmeraldas, y la noche llena de agua, temblando ante tanta claridad.

THE ARNO

I write about cadavers and rivers believing themselves
oceans, balconies dripping in molten gold, residue
of golden honeysuckle.

I also could write about war or ice cream next to the Roman bridge: sorrowful butterflies in the shop windows
with Pinocchio winking, the café of Esmeraldas,
and the night, teeming with water,
trembling before such clarity.

PLUMA DE CORRAL

Te robaron la cima por un tiempo, el lugar de los trinos, la cocina y el canto de los pájaros, tu propio loro que tocaba a Boccherini. Todo parecía haberse ido.

Mamá retorna ahora con sus mangos y te abraza ante la higuera del jardín.

Cuatro cruces crecen del techo verde, una hamaca con ojeras
entronca su variación primera, y así escribo mi último poema
en la pared.

CORRAL FEATHER

They robbed you of your peak for a while, the place of those songs,
the kitchen, and the birdsong, your own parrot that
sang Boccherini. Everything seemed to have disappeared.

Mama is returning now with her mangos, and she hugs you in front
of the garden's fig tree.

Four crosses grow from the green roof, a hammock with sleepless eyes
connects its first variation, and so I write my last poem
on the wall.

LA LLUVIA

Quiero que regrese la lluvia sin parar
y deje un arco iris en mi destino.
Llueve y paseo en bicicleta.
Entre las calles llenas de árboles apareces
para limpiarme el alma, lluvia
bendita, lluvia sobre ruedas.
Así, sin apuro, vuelas en tu bicicleta y entre
el aguacero sale una palabra, un dolor,
una lágrima.
También una carcajada, otro árbol,
mejor un bosque.

THE RAIN

I want the endless rain to return
and leave a rainbow hanging over my destiny.
It rains and I keep on cycling.
Among the streets lined with trees, you appear
just to wipe clean my soul, blessed
rain, rain on my tires.
Thus, unhurriedly, you fly on your bicycle and in
the downpour a word, a pain, a tear escapes.

Also a loud laugh, another tree,
better- a forest.

III

SUELO ESCRIBIR DE NOCHE

Y la noche apaga todo el vecindario, los perros duermen, algunos gatos se asoman por las claraboyas y nadie responde a sus gemidos inútiles. Celan va llegando con una cesta llena de rosas, porque la noche es la noche, y me tiende junto a ti sin explicaciones. Por eso escribo de noche con el monólogo diecisiete para chelo de Erland Von Koch. Entonces Elytis canta con el candil del astro discurriendo por el cielo…

Y al amanecer uno escribe la última sílaba como una promesa para que no muera la poesía. La noche es el jazmín y la madreselva, el agua y el vino que sana. Hay un sol discreto que alumbra cada noche. Nadie lo ve. Solo lo conocen los que la viven sin temor entre el fantasma del insomnio. Michaux (siempre tarde) llega con las velas en alto para que me una a la noche, mía, suya hermosa, mía… hermana soberana.

Suelo escribir bajo la luz tenue que alumbra lo necesario, la inexactitud del papel borroso, el aire desvelado que me llama para vivir.

I Tend to Write at Night

And the night shuts down the entire neighborhood: dogs sleep, some cats appear around the skylights, and no one answers their useless wails. Celan is coming with a basket full of roses, because night is night, and I tend to grow close to you without explanation. So I write at night with Monologue No. 17, for Cello by Erland Von Koch. Then Elytis sings with the star's torch flying through the heavens.

And at dawn one writes the last syllable as a promise so poetry does not perish. The night is jasmine and honeysuckle, the water and wine which heals. There's a discreet sun shining every night. No one sees it. Only those who live in the night fearlessly in insomnia's embrace know it. Michaux (always late) arrives, candles raised high, so that I become one with the night, my love, your beauty, my love… sovereign sister.

I tend to write beneath a tenuous light which illuminates the necessary, the inexactitude of the blurry paper, the alert air which calls to me 'live'.

Paseos en bicicleta

El olor de la hierba se enreda en las palabras que no llegan a tu boca.

Paseas en tu bicicleta y entre el aguacero otra vez una palabra, una alegría inesperada, una lágrima que se va.

La poesía se insinúa desde que pones tus manos
en el timón, y mientras la montas vas sintiendo
de inmediato su velocidad, el olor del mar regocijando tus pulmones, la excitación del aire tibio con la luz de los árboles que cruzan la ciudad como perros solitarios.

BIKE RIDES

The scent of grass tangles itself in words that don't make it to your lips.

You ride your bike and, in the downpour, again there's a word, an unexpected ecstasy, a tear which slips away.

Ever since you put your hands on the rudder, it hints at poetry, and while you ride, you immediately feel your own velocity, the scent of the ocean delighting your lungs, the warm air's excitement mixing with the light from the trees that cross the city like solitary dogs.

El OJO IZQUIERDO DEL CIELO
(Escuchando un *Blues* de Memphis)

Se ha recuperado el ojo izquierdo del cielo: cae la lluvia en toda la ciudad, se agita la noche con una falda ceñida cantando un blues sentimental por la calle fértil, y así contento te vas tarareando I'll follow you into the dark, sin pensar nunca en regresar a Memphis.

THE HEAVENS' LEFT EYE
(Listening to some *Blues* from Memphis)

The left eye of the sky has been recovered: rain falls over every part of the city, the night shakes like a skin-tight skirt singing a sentimental blues song on the teeming street, and you walk along so contentedly, singing to yourself I'll follow you into the dark, without ever thinking of returning to Memphis.

CAMINANDO CON THOREAU

Henry David Thoreau construyó su cabaña en las orillas del lago Walden en 1845. Quería sentir el paraíso en la quietud de las aguas, ahogarse despacio con su vaivén lleno de hojas secas. Escribió con el ritmo del cielo y de los árboles durante dos años en esa cabaña, y lejos del ruido y la indiferencia, levantó otro lago y recreó el concepto de la desobediencia civil. Estuvo en contra de la esclavitud de los negros y de la invasión a México. Escribía cada noche sobre el silencio, mientras los pájaros dormían. Escribía cada noche como un pájaro, mientras el silencio dormía.

WALKING WITH THOREAU

Henry David Thoreau built his cabin on the shores of Lake Walden in 1845. He wanted to feel paradise in the quietude of those waters, to drown himself slowly with his highs and lows full of drying leaves. He wrote according to the rhythm of the heavens and trees during his two years in that cabin, and far from the noise and indifference, he rose another lake and recreated the concept of civil disobedience. He was against black slavery and the invasion of Mexico. Every night he wrote about silence while the birds slept. Every night he wrote like a bird, while the silence slept.

IV

MAGNOLIAS Y PERAS
(Breve homenaje a Marosa Di Giorgio)

Y pude así de pronto entrar a tu jardín de mandrágoras, y me encontré con magnolias y peras, el sabor de esa poesía donde lo inesperado es la trama de los ángeles ahorcados. Soy el ángel de la devoración, tu maestro tigre, y nuestro melón es una rosa.

MAGNOLIAS AND PEARS
(A short homage to Marosa Di Giorgio)

And suddenly I could enter your garden of mandrakes, and I found myself among magnolias and pears; the taste of that poetry where the unexpected is the plot of such heavily burdened angels. I am the angel of devouring, your master tamer, and our melon is a rose.

Por una calle de Florencia

La noche me lleva con el río a oler la albahaca
y las torres del lucero.

Hay ciertas calles que tienen torres en el cielo o
ríos con puentes de tarjeta postal.

Es bonito estar en una tarjeta postal con un
puente viejo y aguas salobres en el fondo.

Caminar sin zapatos por una vieja calle de piedra
y escribir en las paredes el tiempo que vendrá,
la luz densa de la incertidumbre.

Down a Street in Florence

The night carries me with the river to smell the basil
and the lighthouses.

There are certain streets that have towers in the sky or
rivers with bridges from postcards.

It's beautiful to be in a postcard with an
old bridge and briny waters in the background.

Walking without shoes down an old street of stone
and writing on the walls time which will come to pass,
the dense light of uncertainty.

LA SELVA CLARA

Todos los pájaros nos llevan al Duomo.

Celebramos desde el campanario de Giotto
el renacimiento de la claridad, mientras
el cielo nos abre el camino de la profecía.

Nos tomamos de la mano y todo se resume
en tus ojos esmeralda:

Una piedra y una lámpara,
el fuego del vidrio
quemado, una perla en tus orejas
y tu cuello largo nunca termina.

THE CLEAR JUNGLE

All the birds bring us to il Duomo.

We celebrate the renaissance of clarity
from our perch on Giotto's bell tower, while
the heavens open the path of prophecy to us.

We grab each other by the hand and everything begins
again in your emerald eyes:

a stone and a lamp,
the fire of burning
glass, a Pearl in your ears
and your long neck never ends.

VISIÓN DE OSIP MALDESTAM

Osip miraba el cielo y la nieve caía sobre sus párpados agotados. Levitaba con el frio deseando el calor de una vela. Escribió poemas sobre las cucarachas y Stalin. Allí, perseguido y acosado, se inició el calvario hasta su muerte. Leo sus poemas y aprendo a resistir el frio. Lo invito a tomar el té en casa esta noche que nieva en Nueva York. Mirar el fuego subir por los ladrillos le da paz. La llamarada de la noche y la vigilia lo sostienen. Se levanta y mira por la ventana: la nieve no cesa, y el mar negro y sordo ya no lo atormenta más.

VISION OF OSIP MANDELSTAM

Osip looked at the sky and snow fell on his exhausted eyelids. He levitated with the cold wishing for the heat of a candle's flame. He wrote poems about cockroaches and Stalin. There, persecuted and hounded, he began the cavalry until his death in 1938. I read his poems and I learn to resist the cold. I invite him to have tea at home this snowy night in New York. Watching the fire climb the bricks gives him peace. The flash of the night and vigilance sustains him. He gets up and peers out the window: the snow does not cease, and the inky and deaf sea no longer torment him.

Chopin invitado a casa

Pongo el mantel blanco entonces, el pan, el pescado fresco y un vino para celebrar la música que entra por todas las puertas, y abro las mismas ventanas de otra casa, ese fuego lento de las hornillas de mamá, ahora que su figura reaparece con donaire entre las copas de cristal.

CHOPIN INVITED HOME

I place the white tablecloth then, the brad, the fresh fish and wine to celebrate the music entering through every door, and I open the same windows of another house, that slow fire of mother's burners, now that her figure reappears gracefully among the crystal goblets.

V

El ritual del Crisantemo

De repente camino por la ciudad y lleno mi canasta con las rosas de mis muertas. El poema ensaya el ritual del crisantemo. La mariposa vuela y vuela para morirse feliz con las hojas inundadas de luz. Se ha terminado toda la lluvia en la calle. Ha caído sin cesar desde la noche como una sonámbula. Recojo mis papeles y miro las ardillas haciendo acrobacia en el árbol de enfrente, y, aun así, no he podido escribir nada todavía.

THE CHRYSANTHEMUM RITUAL

Suddenly I'm walking around the city and filling my basket with the roses of my beloved dead. The poem rehearses the chrysanthemum ritual. The butterfly flies and flies only to die happily with its wings inundated with light. The rain in the streets has ceased. It has fallen without rest, like a sleepwalker, since nightfall. I pick up my papers and watch squirrels perform acrobatic feats in the tree across the street, and, even then, I still have not been able to write anything.

Parque Bryant
(segunda visión)

Caminas radiante por el parque soleado lleno de
tiendas tomándote un té negro para desfallecer
al frío.

Naces por la corriente que canta alegre la ciudad:
las muchachas a coro endulzan el aire con sus botas
largas y sus hermosas cabelleras tiritando bajo cero.

Caminas radiante con la poesía del brazo por el
Parque Bryant repitiendo la composición azul-gris
para comparar sus efectos: agua y flores han inundado
el parque, como la música glacial se inicia la segunda
variación del invierno.

Manhattan, enero 5, 2013/Marzo 2019.

BRYANT PARK
(second vision)

You walk radiantly through the sunny park that's full
of shops, drinking black tea to murder
the cold.

You are born by the current that the city happily sings:
women sweeten the air with their large
boots and their beautiful hair, shivering in below zero
weather.

You walk radiantly with poetry on your arm through
Bryant Park, repeating the blue-grey composition
to best compare its effects: water and flowers have
inundated the park, as glacial music initiates the
second variation on winter.

Manhattan, January 5, 2013/March 2019.

Debajo de la ciudad

Cuando te sientas en el último vagón abres el libro de la vida dulce, y olvidas las señales que te acechan en cada paradero. La gente sube y baja y conversa a través de textos indescifrables en los teléfonos móviles, quizás para suplir el miedo del encuentro, el mirarse a los ojos fijamente, y vibrar con la vida que vuela con los cabellos negros de aquella mujer que espero en el paradero.

Under the City

When you sit in the last car you open the book of the sweet life, and you forget about the signs that stalk you at each stop. People get on and off and converse through indecipherable texts on cell phones; possibly to avoid the fear of meeting face to face, the act of looking another in the eyes, and vibrate with the life that belongs to the raven-dark tresses of that woman I wait for at the station.

TIEMPOS DIFÍCILES

Camino por la ciudad y cada árbol es el milagro de la mañana. Todos cruzan en fila para encontrarse. Así de contento, voy a volver a entrar a un museo, ir con calma a ver un cuadro de Bacon, buscar los peces de Klee para nadar con ellos, o treparme en el frondoso Árbol de Oaxaca de Francisco Toledo, para terminar en un hueco al lado del perro de Goya.

Tal vez el río oxidado sea mi única salida.

Nos salva finalmente la chica del barrio fenicio: por su escote de verano corren los deseos de acuario, sus muslos duritos, y el cabello suelto te devuelve el aliento de una tienda de malaquita, el agua viva de su piel de escaparate.

N.Y., marzo 2017.

DIFFICULT TIMES

I walk through the city and each tree is a morning miracle. Everyone walks single file to find themselves. So contentedly, I'm going back into a museum, walking slowly to view one of Bacon's paintings, search for Klee's fish so I can swim with them, or climb Francisco Toledo's leafy Tree of Oaxaca, end up in a space next to Goya's dog.

Maybe the rusty river is my only way out.

Finally a girl from a Phoenician neighborhood saves us: Aquarius's desires hang around her neckline, her strong muscles, and flowing hair returns the breath of a malachite store to you, the holy water of her showcase skin.

N.Y., March 2017.

HOMENAJE A MARINA TSVIETÁIEVA
(segunda parte)

Busco la noche de
San Petersburgo
en este ovillo que
se desata sin parar,
en estas flores que
de repente vivas en
su séptima noche
cierran sus ojos
a la mañana.
La busco en la
noche
cuando mis
enemigos
temerosos se
alejan
por la penumbra,
y ella con su música
triunfante
se queda conmigo
y canta como la
primera lluvia sobre
la tierra.

HOMAGE TO MARINA TSVIETÁIEVA
(second part)

I search for the night of
Saint Petersburg
in this ball of yarn
that unravels without end
in these flowers that
are suddenly alive,
on their seventh night
close their eyes
to the morning light.
I search for her in the
night
when my
fearful
enemies
distance themselves
in the darkness,
and she with her music,
triumphant,
stays with me
and sings like the
first rain falls on
the Earth.

LOS LIRIOS TEMEROSOS

Como quería Igor en su intrincada
desarmonía, el amor sube al corazón
y la sangre se acelera como un cerezo
desangrado entre la nieve de la calle,
y una bandada de cuervos enamorados
te salvan la vida con sus picos agujereados.

FEARFUL LILIES

As Igor wanted in his intricate
disharmony, love enters the heart
and blood speeds up like a bloodless
cherry tree standing in the snowy street,
and a flock of love-struck ravens
save your life with their piercing beaks.

PRIMAVERA

Ahora escribo mi poema sin
visiones de pájaros
de acero: solo un mirlo cruza
mi cabeza, y me saca los ojos
confundido con los pinos.

Primavera, 2012.

SPRINGTIME

Right now I'm writing my poem without
any visions of steel
birds: only a blackbird passes by
my head, and it plucks out my eyes,
confused with the pine trees.

Spring, 2012.

LIMA

Para Antonio Cisneros, in memoriam.

Crecí en una ciudad gris-azul con muchas ventanas. Y fue a través de ese color que descubrí otro tono de gris en el cielo: un azul cobalto, ese cálido celeste del mar que no aturde cuando sale el sol por Chorrillos y se esconde en Barranco. Ese es mi color gris-azul, el único que conozco y del que ahora escribo: mi azul de Lima (casi de la Alianza), mi celeste de la costa donde crecí y que ahora recuerdo como la mejor de todas, la que me vio crecer como el peor de todos. De los primeros seis años en Piura, donde nací, un fuerte aguacero y sol pleno. En Lima aprendí de otro tipo de azul: más nutriente y menos predecible que el de Cancún. Las ciudades con mar tienen una luz natural que se siente, pero no se ve. Ahora presiento el azul gris de las playas, esa capa salina que me habla la poesía de Lima, en una noche donde las calles son hermanas del insomnio, y el diluvio citadino es el loquísimo gris-azul que me deleita.

LIMA

For Antonio Cisneros, in memoriam.

I grew up in a blue-grey city filled with windows. And it was through that color that I discovered another shade of grey in the skies: a cobalt blue, that warm celestial blue of the ocean that isn't bothered when the sun rises in Chorrillos and sets in Barranco. That is my grey-blue color, the only one I know and the one of which I write: my Lima blue (almost from Alianza), my celestial blue of the coast where I was raised and now remember the best of them all, the blue that saw me grow up as the worst of all. From those first six years in Piura, where I was born, a strong downpour and high sun. In Lima I learned about another kind of blue: more nutritious and less predictable than that of Cancun. Ocean cities have a natural light you can feel, but can't see. Now I sense the grey-blue of the beaches, that salty cape that speaks to me of Lima's poetry, on a night where the streets play sister to insomnia, and the urban deluge is the insane grey-blue that delights me.

VI

Esquiar

Te vuelves a levantar después de varias caídas y te deslizas otra vez con la nieve de la cima. La nieve te toca y todo cambia: un mar congelado te pide lumbre para sobrevivir al hielo. Como un niño terco te vuelves a incorporar, una y otra vez la misma luz del puente de hielo, los esquíes a la carga contra los racimos maduros del frío, y el sol que se clava y se deshace en tu intento por pararte triunfante sobre la nieve mientras te vuelves a caer y a levantar otra vez, y a caer.

SKIING

You try to get up again after a few falls and slide again in the mountain peak's snow. The snow touches you and everything changes: a frozen sea asking for fire to outlast the ice. Like a stubborn child you have another go, once and again the same light from the ice-bridge, you ski it – charge! – against the strong clusters of cold, and the sun which jumps and melts in your attempt to stand successfully on the snow while you fall again and get up again, and fall.

LA NIEVE

La escritura sonora del cielo brota como copo
congelado en tu garganta.
Entonces llega la ceniza confundida con la nieve
y el cielo otra vez del azul más puro.
Esa luz que no se puede explicar sino al atardecer,
allá lejos en las montañas elevadas, entre altísimos
picos te llevan al corazón del blanco, y así te desdoblas
con el agua congelada buscando la primera llanura
en la nevada.

THE SNOW

The heavens' resounding writing appears like a frozen
snowflake in your throat.
Then the confused ash arrives with the snow
and the heavens are again of purest blue.
That light which cannot be explained but for the twilight,
there far away on the tallest mountains among the highest
peaks they take you to the heart of whiteness, and so you
unwind with the frozen water searching for the first grass-
land in the snowfall.

SINCRONÍA DE UNA MUJER SOBRE UN CABALLO
(segunda versión)

Ella galopa con su caballo por el bosque buscando la primavera.

Escribes primavera por ella, y repites primavera por su pelo entre un campo lleno de flores amarillas.

Su cabello largo se retuerce en el paisaje: un potro salvaje trota sin control, y las palabras dibujan en sus ancas tu lengua enamorada.

SYNCHRONY OF A WOMAN RIDING A HORSE
(second version)

She gallops with her horse through the forest,
searching for spring.

You write spring for her, and repeat spring in
her hair among a field filled with yellow flowers.

Her long hair flows across the landscape: a wild
foal trots without any control, and words draw
your enamored tongue on its haunches.

VIAJES

Tus pies sienten las calles y el aire negro de algunos días, y no haces preguntas vanas sobre los muertos o la peste que atraviesa las ciudades sin nombre. Solo viajas por el día y la noche escondido encima de los puentes, dejándote llevar por el aire de aquel mar que sortea sus ondas por doquier, por aquella calle desconocida de otro país donde caminas sin hacer preguntas a los árboles, los caídos en los rieles de los trenes o los desamparados que te piden un abrazo en las esquinas. Un aire tibio te pide que regreses otra vez para volver a salir y ver a la misma mujer desconocida con el cabello largo hasta los pies.

TRAVELS

Your feet feel the streets and the black air of some days, and you don't ask vain questions about the deaths and pestilence ravaging nameless cities. You only travel by daylight and spend nights hidden at the tops of bridges, allowing yourself to be taken away by the air of that sea which sends its waves anywhere, down that unknown street in another country where you walk without asking questions of the trees, the fallen on the train tracks or the abandoned who ask for your embrace on the street corners. The warm air asks you to return again to go back out and see the same unknown woman with long hair falling to her feet.

LA MESERA

Ella trae el tinto, sonríe, y agita su pelo negro,
sabe bien que el mundo la mira, sus piernas
tienen siglos de ternura.

El bar sobrevive por ella, lleno de humo,
abre la grieta de los temblores.

La vida comienza en la curvatura de su
espalda y el arco de su cuello sudoroso.

Han llegado los arcángeles embriagados de
vino dulce. Agitados aquí en la mesa
discurren sobre el olor del pelo que
perturba dulcemente los sentidos.

La mesera, paraíso de la vida leve,
camina con las copas tintineantes entre sus
dedos; sonríe con los ojos, nos mira con las
manos, y su cabello está atado al roble de
los ríos.

La vida está en su porte esbelto, y cuando se
acerca engañosa como la poesía, yo callo.

THE WAITRESS

She brings the wine, smiles, and shakes her black hair,
knowing full well the world watches her; her legs
hold centuries of tenderness.

The bar survives because of her, full of smoke,
and the tremors' rift opens.

Life begins in the curvature of
her spine and the arch of her sweat-dampened neck.

The Archangels drunk on sweet wine
have arrived. Animatedly, here at the table
they speculate on the scent of her hair
that so sweetly disrupts their senses.

The waitress, paradise of the easy life,
walks with clinking glasses balanced on her
fingertips; smiles with her eyes, watches us with her
hands, and her hair is tied to the river's
oaks.

Life is in her svelte demeanor, and when she gets
deceivingly close, as poetry does, I quiet.

VII

EL PATIO

Aquí el olor de los geranios pervive,
acrobacia de pájaros delirando con el
agua de la manguera.

Aquí vive la fuente y el agua fresca de las
aves desconfiadas de todo.

Podría ser la felicidad un rayo de luz en tu
ventana, ese incesante revuelo de alas que se
retuercen hasta reescribir el sol o simplemente
la vista de los pinos hacia el otro lado de
la sombra.

THE PATIO

Here the scent of geraniums lingers on the air,
acrobatics of birds hallucinating on the
water from the hose.

Here lives the fountain and the fresh water for the
birds distrustful of everything.

It could be happiness, the ray of light shining through
your window, that incessant stirring of wings that twist
until they rewrite the sun or, simply,
the view of the pines on the other side of
the shadow.

DIOS ES UN PÁJARO ALEGRE

Dios es un pájaro alegre que camina contra la tiniebla.

El sol engaña con sus rayos y el mar te da una aparente serenidad.

El mar azul y la nube negra hablan de mañana y de la fe.

Dios es un pájaro azul que sabe bien volar.

GOD IS A HAPPY BIRD

God is a happy bird who walks against
the darkness.

The sun uses its rays to deceive and the sea
gives you the grace of apparent serenity.

The blue sea and black clouds speak of
tomorrow and faith.

God is a blue bird that knows full well how to fly.

GRACIAS

Gracias Dios por estos árboles que
cantan en mi corazón casi perdido
en la foresta de tu inmensidad.

Hoy es el día del sol y los pinos
que amanecen en mi ventana,
los que anuncian con los pájaros
la llegada luminosa de un nuevo día.

Tú estás en estas ramas y desde el
viento increíble nos hablas de lo
inexplicable, de aquello que siempre
es no para nuestros ojos ciegos.

Ahora mis ojos despiertan ante este
Árbol de la dicha que no es otro
que Tú que vives en las cosas naturales,
en la música de la lluvia de anoche, en
los pájaros que van llegando para celebrar
un nuevo día con el sol, y los que siempre
dicen si a todo lo bueno.

Yo que he muerto, estoy vivo de nuevo.

THANK YOU

Thank you God for these trees that
sing in my heart that's almost lost
in the forest of your immensity.

Today is the day of the sun and pines
that dawn in my window,
those who announce, with the birds,
the luminous arrival of a new day.

You are in those branches and using
the incredibly strong wind you speak to us
of the inexplicable, of that which
is never for our blind eyes.

Now my eyes awaken before this
Tree of happiness that's no one other than
You, who lives in natural things,
in the music of last night's rain,
in the birds arriving to celebrate
a new day with sunlight, and those who
always say yes to everything good.

I who have died, now live again.

No Desesperes

Observa con detenimiento la hilera de pájaros después de una nevada: mira y calla, y no pienses que la nieve conmueve a los geranios que vuelan alrededor de todos los pájaros.

Don't Despair

Carefully observe the line of birds after a snowfall: watch and be quiet, and don't you think that the snow moves the geraniums who fly next to all the birds.

EN LA LLUVIA

Crecí en una ciudad donde solo garuaba. La lluvia del Atlántico ahora guarda la clave de mis puestas de sol. Hay una jarra de arena que me lleva a Lima. El agua nos trae sorpresas inesperadas: la lluvia con viento fuerte te alborota los sentidos, y la marejada es perfecta para caminar durante horas. La neblina celeste baja despacio por el patio con las aves arbolarias. Está lloviendo a cántaros. Diría que deseo ahora mismo una perla en el umbral de la ventana. Nada más. La lluvia en toda su plenitud no tiene color, es la intensidad de su cabello plomizo, el vestido apretado, ese lugar donde uno quiere permanecer ceñido a sus brazos abiertos, a la miel que quema desde adentro.

IN THE RAIN

I grew up in a city where it only drizzled. The Atlantic's rain now guards the key to my sunsets. There's a jar of sand that takes me to Lima. Its waters bring us unexpected surprises: the rain and strong winds disrupt your senses, and the swells are perfect for walking for hours. Celestial fog slowly rolls in over the patio with the tree-living birds. It's raining buckets. One could say I wished for a pearl on the threshold of my window right now. Nothing more. The rain, for all its plenitude, has no color, it is the intensity of her lead-coloured hair, her tight dress, that place where one wants to stay tucked tightly in her embrace, the honey which burns from inside.

VIVIR EN AGRADECIMIENTO

El cielo te hace repetir en el silencio que la vida es buena, y que todos los aromas llegan con este concierto de voces cansadas de volar. No despego la mirada del cielo, ese gran espacio donde uno se pierde para volver. El árbol desnudo te suplica un abrazo, una palabra que le permita tener paciencia para cuando llegue el invierno, la otra vida que nos espera. Hoy día escribes mirando pinos, flores amarillas y decenas de pájaros que bajan a comer el alpiste y un poco de agua que les dejas cada día. Miramos el patio en plena quietud, los geranios al lado con tu bicicleta, el césped entre verde y amarillo, muy cerca de la humedad del mar retumbando en tus oídos.

Living in Gratitude

The heavens make you repeat into the silence that life is good, and that all the aromas arrive with this concert of voices that are tired of flying. I don't remove the heavens' gaze, that great space in which one loses themselves in order to return. The nude tree begs for a hug, a word allowing it to be patient when winter finally comes, the other life which awaits us. Today you write while watching the pines, yellow flowers and tens of birds alighting to eat the birdseed and some of the water you leave for them every day. We watch the patio in quiet plenitude, the geraniums off to the side with your bicycle, the grass between green and yellow, so close to the dampness of the sea echoing in your ears.

East Village

Después de tantas lluvias una pizca de sol se asoma entre los rascacielos. Es la noche de los lobos y las doncellas. La costa ha iniciado su recuento con el mar y han comenzado a cerrar los puentes que van hacia el Atlántico. Un grupo de pájaros altera el color del cielo.

Cuando sale el sol los escaparates del día se abren con los del alma, y el espíritu vuelve a caminar por la ciudad como una hermosa mujer de la calle.

En la Villa del Oeste, las mujeres dejan que el viento les levante las faldas de seda, y los puentes les traen flores del otro lado del río, como si recién comenzara la fiesta de las rosas.

Después de tantas lluvias me asomo por estas calles como un sonámbulo desquiciado y morboso, un mirón siempre joven, y las calles se llenan de geranios en todas las ventanas.

EAST VILLAGE

After so many rainfalls a ray of sun shows itself between the skyscrapers. It's the night of wolves and mademoiselles. The coast has begun its story with the ocean and they've began to close the bridges that lead to the Atlantic. A flock of birds alters the color of the sky.

When the sun comes out the daily shop windows open up along with the windows of the soul, and the spirit walks through the city again as a beautiful street girl.

In the West Village women let the wind lift their silk skirts, and the bridges bring them flowers from the other side of the river, as if the festival of roses had recently started.

After so many rainfalls I appear on the streets like an unhinged and macabre sleepwalker, a forever-young observer, and the streets fill with geraniums in every window.

MADRID
(si duermo no siento lo que vivo)

A Martín Rodríguez Gaona.

Esta noche tomo fotografías de la gente que camina con prisa por las calles de Madrid. No hay duda que caminar es un arte muy antiguo, pero andar para entender una ciudad es un trabajo más sofisticado y deleitante. Uno escribe poesía caminando, ya lo había dicho. Uno camina disfrutando, mirando escaparates, el porte de las muchachas, y la gente que va perdida por el lomo de la noche. No se trata de curiosidad sino más bien de leer las miradas y el ojo del cielo. Caminar contra el viento solo para que tu cuerpo transpire la vida dulce de la calle. Después terminas como siempre en casa de Lope mirando a las mujeres de trenzas largas velándolo en el patio. La sombra del tiempo entra sigilosa en todos los solares y los palacios extinguidos. Sigo por la noche sin final, porque si duermo no siento lo que vivo.

MADRID
(If I sleep, I don't feel like I am alive)

For Martin Rodriguez Gaona.

Tonight I'm taking photos of people who walk hurriedly through Madrid's streets. There's no doubt that walking is a very old art, but walking to understand a city is a more sophisticated and delightful job. One writes poetry walking, I had said in the past. One walks taking joy in it, watching shop windows, the demeanor of young women, and people who get lost in the blackness of the night. It's not about curiosity as much as taking in the sights and the heavens' eye. Walking into the wind so your body absorbs the sweet life of the streets. Later you end up, as always, at Lope's house watching women with long braids guarding it on the patio. The shadow of time stealthily enters all the houses and silent, extinguished palaces. I travel through the night without end, because if I sleep I don't feel like I'm alive.

VIII

Un arco iris en Montevideo

Para Ida Vitale.

Ida escribe para el eco: su poesía absorbe los extramuros del límite y nunca se apaga porque la imagen precisa la acosa, la persigue hasta que la sangre aplaca su sed en el poema. Ella continúa la veta de la precisión, va más allá del barroco dislocado. Es un arcoíris en Montevideo: mírenla como no pierde sentido en la caída. Esa rosa oscura clama con fervor una transparencia superior, sin un muro que no la deje ver el sol. Es que las palabras *van a un punto del resplandor y anidan, / cuando las dejas libres en el aire, / esperando que un ala inexplicable/ te lleve hasta su vuelo.*

A Rainbow in Montevideo

To Ida Vitale.

Ida writes for the echo: her poetry absorbs the limits' edges and never shuts down because the precise image she wants harasses her, it pursues her until her blood placates its thirst in poetry. She continues her quest for precision, going further than dislocated Baroque. She is a rainbow in Montevideo: all must watch her as she doesn't lose any meaning in the fall. That dark rose fervently clamors for a superior clarity, without a wall that doesn't permit her to see the sun. The truth is that the *words go to a point of resplendence and dwell there, / when you leave them free in the air, / waiting for an inexplicable wing / to take you on its flight.*

LA ESPINA

La espina del árbol
cae sobre tu mesa.
Limpias las cenizas
de una rama amarga.
Sin temor vas hacia la
noche
y
sus estrellas negras
brillan en tu mesa
con tréboles de madera.
La espina y su oficio
de cañonazo, el árbol
que sigue con su jazz
y su melancolía de perro.

THE SPINE

The spine of the tree
falls on your table.
You wipe away the ashes
of a bitter branch.
Fearlessly you walk
into the night
and
her black stars
shine on your table
with wooden clubs.
The spine and its office
of cannonfire, the tree
that keeps playing its jazz
and its abandoned-dog melancholy.

OTRO ÁRBOL CRUZA LA CIUDAD

Un árbol esperaba con mucha
fe la lluvia que nunca llegaba.
Este era el árbol que cada mañana
miraba el cielo gris recostado en un
puente de madera,
y con tanta sed abría sus ramas
para humedecerse con el rocío de
la madrugada, justo a la hora
que llegaban los músicos y
desaparecían en la noche los
cipreses encapuchados.

Another Tree Crossing the City

A tree waited, with so much faith,
for the rain which never came.
This was the tree that watched the
grey sky every morning, reclining
on a wooden bridge,
and with so much thirst spread its
branches wide to dampen its roots
with the morning dew, right at the
time the musicians came and the
hooded cypresses disappeared into
the night.

EL PICAFLOR DE LOS ANDES

Has caminado mil veces esta ciudad: cantinas debajo de los puentes, río sin agua, pastos secos en una costa arenosa y mesas llenas de cervezas.

Barrio sin tiempo, corazones desbocados por la noche salen a tu encuentro.

Lágrima de la ribera, pachamanca alegre con el aguardiente sereno y gargantas afiladas. *Gorrioncito, canta, pero no llores. El amor es la fuerza más sublime.* Así habías visto el agua secándose en la madrugada. Ahora caminas otra vez hacia la Plaza Dos de Mayo.

Alguien lo había dicho, pero no importa: *traigo en mi pecho un dolor muy grande.* Mañana te vas otra vez a caminar mil veces esta ciudad larga llena de cerros y un mar callado por un picaflor. Cruzarás el rio Rímac dos veces, y sin agua volverá a crecer.

The Andean Hummingbird

You've walked this city a thousand times: cantinas beneath bridges, a river without water, dry pastures on a sandy coast and tables full of beers.

A timeless barrio, worn-out hearts leave for your party at night.

Riverbank's tear, happy barbecue with divine moonshine and sharp throats. *Sing, sparrow, but don't cry. Love is the most sublime strength.* Like this you had seen the water drying up in the morning light. Now you walk to Plaza Dos de Mayo again.

Someone said it, but who doesn't matter: *I carry a great burden in my heart.* Tomorrow you'll go and walk this big city filled with hills and a sea calmed by a hummingbird a thousand times. You'll cross the river Rímac twice, and without water it will begin to grow again.

ELLA VOLABA CON SU CABELLO

Ella volaba con su cabello
por las plazas, y cada hebra
era una sílaba para el árbol
de la dicha. El castaño
cambiaba la tintura del cielo,
y las fuentes brillaban con
sus largas piernas torneadas
como un bosque encantado.
Ahora su falda ceñida inicia
el primer canto del verano.
De su blusa brota la lluvia y nace
el deseo secreto de la poesía.
Las cuerdas de los árboles bajan
a enredarse con su música entre
sus hombros.
Ella vuela incesante con su cabello
por las plazas, mientras el poeta la
espera al otro lado del mar,
allá donde crece un lago
sin memoria.

SHE FLEW WITH HER HAIR

She flew through the plazas
with her hair, and each strand
was a syllable for the tree
of happiness. The brunette
changed the colour of the sky,
and the fountains shone with
her long, toned legs
like an enchanted forest.
Now her tight skirt initiates
the first song of summer.
From her blouse sprouts the
rain and the secret desire of poetry
is born.
Vines from trees lower themselves
to become entangled with the music
between her shoulders.
She flies through the plazas incessantly
with her hair, while the poet waits
for her on the other side of the ocean,
there where a lake
without memory grows.

IX

HAYDN

El poema regresa como un cocodrilo en busca de su presa, llorando inútilmente se lo come todo. Me come a mí, no me deja ni mi alma. El violín, el poema, papel del pentagrama, Haydn, la noche que deviene de un dulce coro vienés.

HAYDN

The poem returns like a crocodile in search of its prey: crying uselessly it eats everything. It eats me, it doesn't even leave my soul behind. The violin, the poem, paper with a pentagram, Haydn, the night which evolves into a sweet Viennese choir.

CLOUD CITY: TOMAS SARACENO

Escribo en la copa de una nube atlética. Nunca había imaginado una ciudad aérea hasta que entré a la instalación de Saraceno. Caminé por sus pasillos oblicuos de metal, sentí el vacío del espejo y el vértigo del tiempo bajo mis piernas. El sol hermoso reflejando el cansancio de sus días. El acero resplandecía por toda la ciudad, le traía los tulipanes que había perdido la ciudad gris.

Museo Metropolitano de Arte, Nueva York, agosto, 2012.

La ciudad de las nubes: Tomas Saraceno

I write on top of an athletic cloud. Never had I imagined an aerial city until I entered Saraceno's installation. I walked through its oblique metal hallways, I felt the mirror's emptiness and time's vertigo beneath my feet. The beautiful sun reflecting the exhaustion of its days. Steel shined through all the city, I brought tulips that the grey city had lost.

The Metropolitan Museum of Art, New York, August, 2012.

DECLINA EL SOL AL REVÉS DE LA PLAYA

Por la playa una mariposa perdida busca su gaviota, ese solemne cielo indescifrable y el extraño candor de su aleteo. La miro mientras juego paleta en la playa, la pelota sube como un cometa hacia los cielos y la golpea hacia mi costado. Tal vez el paisaje humea las cenizas de otro tiempo, y el cristal del día es solo la brizna de tu deseo. Mariposa, estrella, cielo deformado por tus alas: no hay quietud mayor que tu sonrisa, tu abdomen es el terreno de los desesperados, y tu mirada que no conoce tristeza, vive en la brevedad del mar, y en los bordados de tu blusa desteñida.

The Sun Sets Opposite the Beach

A lost butterfly searches for its seagull on the beach, that solemn indecipherable sky and the strange candor of its wingbeats. I see her while playing tennis on the beach; the ball rises like a comet towards the heavens and it gets beaten to my side. Maybe the landscape smokes the ashes of another time, and the daily crystal is only a shred of your desire. Butterfly, star, heavens deformed by your wings: there is no greater quietude than your smile, your abdomen is the terrain of the hopeless, and your gaze which knows no sadness, lives in the brevity of the sea, and in the embroidery of your faded shirt.

Plaza de los naranjos

En el bus a Málaga un libro de Ungaretti me tenía conmovido. Estaba en otro mar, otra plaza donde no se sentía el paso de las horas. Entonces me dije que escribiría la sextina de los desiguales como Belli, pero salió una prosa tan desigual como la plaza de los naranjos, ahí donde mi doncella marroquí y yo bebíamos vino como si fuera la última noche del mundo. Plaza de los naranjos, llano de naranjos, suspiro de naranjos, copas de naranjos, música de naranjos: el cielo se juntaba con el agua de la fuente, su aroma te suplicaba escribir sobre la luz de los balcones cayéndose sobre tus ojos.

PLAZA OF THE ORANGE TREES

On the bus to Málaga one of Ungaretti's books moved me. I was on another sea, another plaza where the hours of time passing are not felt. Then I told myself I would write the Sestina of the Unequals like Belli, but a prose so unequal like the plaza of orange trees came out instead, there where my Moroccan lady and I drank wine as if it were the last night on earth. Plaza of the orange trees, grove of orange trees, breath of orange trees, glasses of orange trees, music of orange trees: the sky joins with the water from the fountain, its aroma begs you to write of the light from the balconies falling on your eyes.

EL JARDÍN PUSHKIN

El cielo crece debajo del árbol.

Prisionera sube la sangre y los
barrotes se vuelven viento.

Pushkin oía el eco de la lluvia
como si leyera un poema
en un bosque inaudible.

El árbol es ahora el cielo reverdecido.

El profeta vuela el desierto.

Pushkin's Garden

The heavens grow in the shade of the tree.

The captive blood rises
and the iron bars become wind.

Pushkin listened to the rain's echo
as if he were reading a poem
in a soundless forest.

The tree is now the heavens' bloom.

The prophet flies the desert.

CUADERNO DE ÁRBOLES

Crecí entre tus calles
con la neblina
en mi boca.
Crucé cada día el puente
de piedra y la
plaza mayor con mis
frutas frescas y cuadernos
llenos de árboles.

NOTEBOOK OF TREES

I grew up in your streets
with mist
in my mouth.
Every day I crossed the stone
bridge and the big
plaza with my
fresh fruits and notebooks.

Un árbol cruza la ciudad

ACERCA DEL AUTOR

Miguel Ángel Zapata, poeta y ensayista peruano, es una de las voces fundamentales de la actual poesía hispanoamericana. Ha publicado recientemente *Un árbol cruza la ciudad* (Lima, 2019), *Degollado resplandor. Poesía selecta de Blanca Varela* (Santiago, 2019), y *Con Dylan Thomas volando por Manhattan* (Antología personal, Buenos Aires Poetry, 2018). Ha publicado también varios libros de ensayos sobre poesía y arte, antologías de poesía peruana, española, y latinoamericana. Ha traducido al español la poesía de Theodore Roethke, Charles Simic, Louise Glück, Mark Strand, Yusef Komunyakaa, y Charles Wright. Salió en italiano una antología de su poesía "Uno escribe poesía caminando" con traducciones de Emilio Coco (Ladolfi Editore, 2016). Es profesor de literatura latinoamericana y director del M.F.A en Hofstra University, Nueva York.

About the Author

Miguel Ángel Zapata, celebrated Peruvian poet and essayist, has recently published *Un árbol cruza la ciudad/A Tree Crossing the City* (Lima, 2019), *Degollado resplandor. Selected poetry by Blanca Varela* (Santiago, 2019), and *Con Dylan Thomas volando por Manhattan* (Personal Anthology, Buenos Aires Poetry, 2018). He has also published several books of essays on poetry and art, and several anthologies of Peruvian, Mexican, and Latin American poetry. He has also published an anthology of his poetry *Uno escribe poesía caminando*, with translations by Emilio Coco (Ladolfi Editore, 2016). He is a professor of Latin American literature and the MFA Director at Hofstra University, New York.

ÍNDICE

EL PAÍS DE LAS PALABRAS ROTAS

I

Prólogo • 14
Un árbol cruza la ciudad • 16
Cada día • 18
El árbol • 20
Casa de Campo • 22
El grito de Munch • 26
Variación de un poema de Brodsky • 28
Una foto de mi madre • 30
Sonata para Arpeggione • 32
Marina • 34
El arte de la soledad (II) • 36

Contents

The Land of Broken Words

I

Prologue • 15
A tree crossing the city • 17
Every day • 19
The tree • 21
Casa de Campo • 23
Munch's scream • 27
Variation on a Brodsky poem • 29
A photo of my mother • 31
Sonata for Arpeggione • 33
Marina • 35
The art of solitude (II) • 37

II

La Nueva Torre y su Manzana • 40
Florencia • 42
El Arno • 44
Pluma de corral • 46
La lluvia • 48

II

The new tower and its apple • 41
Florence • 43
The Arno • 45
Corral feather • 47
The rain • 49

III

Suelo escribir de noche • 52
Paseos en bicicleta • 54
El ojo izquierdo del cielo • 56
Caminando con Thoreau • 58

III

I tend to write at night • 53
Bike rides • 55
The heavens' left eye • 57
Walking with Thoreau • 59

IV

Magnolias y peras • 62
Por una calle de Florencia • 64
La selva clara • 56
Visión de Osip Maldestam • 68
Chopin invitado a casa • 70

IV

Magnolias and pears • 63
Down a street in Florence • 65
The clear jungle • 67
Vision of Osip Mandelstam • 69
Chopin invited home • 71

El ritual del crisantemo • 74
Parque Bryant • 76
Debajo de la ciudad • 78
Tiempos difíciles • 80
Homenaje a Marina Tsvietáieva • 82
Los lirios temerosos • 84
Primavera • 86
Lima • 88

V

The chrysanthemum ritual • 75
Bryant Park • 77
Under the city • 79
Difficult times • 81
Homage to Marina Tsvietáieva • 83
Fearful lilies • 85
Springtime • 87
Lima • 89

VI

Esquiar • 92
La nieve • 94
Sincronía de una mujer sobre un caballo • 96
Viajes • 98
Homage to Marina Tsvietáieva • 83
La mesera • 100

VI

Skiing • 93
The snow • 95
Synchrony of a woman riding a horse • 97
Travels • 99
Homage to Marina Tsvietáieva • 83
The waitress • 101

VII

El patio • 104
Dios es un pájaro alegre • 106
Gracias • 108
No desesperes • 110
En la Lluvia • 112
Vivir en agradecimiento • 114
East Village • 116
Madrid • 118

VII

The patio • 105
God is a happy bird • 107
Thank you • 109
Don't despair • 111
In the rain • 113
Living in gratitude • 115
East Village • 117
Madrid • 119

VIII

Un arco iris en Montevideo • 122
La espina • 124
Otro árbol cruza la ciudad • 126
El Picaflor de los Andes • 128
Ella volaba con su cabello • 130

Acerca del autor • 149

VIII

A rainbow in Montevideo • 123
The spine • 125
Another tree crossing the city • 127
The Andean hummingbird • 129
She flew with her hair • 130

About the Author • 150

Colección
MUSEO SALVAJE
Poesía latinoamericana
(Homenaje a Olga Orozco)

1
La imperfección del deseo
Adrián Cadavid

2
La sal de la locura / Le Sel de la folie
Fredy Yezzed

3
El idioma de los parques / The Language of the Parks
Marisa Russo

4
Los días de Ellwood
Manuel Adrián López

5
Los dictados del mar
William Velásquez Vásquez

6
Paisaje nihilista
Susan Campos-Fonseca

7
La doncella sin manos
Magdalena Camargo Lemieszek

8
Disidencia
Katherine Medina Rondón

9
Danza de cuatro brazos
Silvia Siller

10
Carta de las mujeres de este país / Letter from the Women of this Country
Fredy Yezzed

11
El año de la necesidad
Juan Carlos Olivas

12
El país de las palabras rotas / The Land of Broken Words
Juan Esteban Londoño

13
Versos vagabundos
Milton Fernández

14
Cerrar una ciudad
Santiago Grijalva

15
El rumor de las cosas
Linda Morales Caballero

16
La canción que me salva / The Song that Saves Me
Sergio Geese

17
El nombre del alba
Juan Suárez

18
Tarde en Manhattan
Karla Coreas

19
Un cuerpo negro / A Black Body
Lubi Prates

20
Sin lengua y otras imposibilidades dramáticas
Ely Rosa Zamora

21
El diario inédito del filósofo vienés Ludwig Wittgenstein /
Le Journal Inédit Du Philosophe Viennois Ludwig Wittgenstein
Fredy Yezzed

22
El rastro de la grulla / The Crane's Trail
Monthia Sancho

23
Un árbol cruza la ciudad / A Tree Crossing The City
Miguel Ángel Zapata

24
Las semillas del Muntú
Ashanti Dinah

25
Paracaidistas de Checoslovaquia
Eduardo Bechara Navratilova

26
Este permanecer en la tierra
Angélica Hoyos Guzmán

27
Tocadiscos
William Velásquez

Colección
SOBREVIVO
Poesía social
(Homenaje a Claribel Alegría)

1
#@nicaragüita
María Palitachi

***

Colección
CRUZANDO EL AGUA
Poesía traducida al español
(Homenaje a Sylvia Plath)

1
*The Moon in the Cusp of My Hand /
La luna en la cúspide de mi mano*
Lola Koundakjian

***

Colección
PARED CONTIGUA
Poesía española
(Homenaje a María Victoria Atencia)

1
La orilla libre / The Free Shore
Pedro Larrea

2
*No eres nadie hasta que te disparan /
You are nobody until you get shot*
Rafael Soler

Colección
PIEDRA DE LA LOCURA
Antologías personales
(Homenaje a Alejandra Pizarnik)

1
Colección Particular
Juan Carlos Olivas

2
Kafka en la aldea de la hipnosis
Javier Alvarado

3
Memoria incendiada
Homero Carvalho Oliva

4
Ritual de la memoria
Waldo Leyva

5
Poemas del reencuentro
Julieta Dobles

6
El fuego azul de los inviernos
Xavier Oquendo Troncoso

7
Hipótesis del sueño
Miguel Falquez-Certain

8
Una brisa, una vez
Ricardo Yáñez

9
Sumario de los ciegos
Francisco Trejo

10
A cada bosque sus hojas al viento
Hugo Mujica

Colección
MUNDO DEL REVÉS
Poesía infantil
(Homenaje a María Elena Walsh)

1
Amor completo como un esqueleto
Minor Arias Uva

2
Del libro de cuentos inventados de mamá
Marisa Russo

***

Colección
LABIOS EN LLAMAS
Poesía emergente
(Homenaje a Lydia Dávila)

1
Fiesta equivocada
Lucía Carvalho

2
Entropías
Byron Ramírez Agüero

3
Reposo entre agujas
Daniel Araya Tortós

Colección
TRÁNSITO DE FUEGO
Poesía centroamericana y mexicana
(Homenaje a Eunice Odio)

1
41 meses en pausa
Rebeca Bolaños Cubillo

2
La infancia es una película de culto
Dennis Ávila

3
Luces
Marianela Tortós Albán

4
La voz que duerme entre las piedras
Luis Esteban Rodríguez Romero

5
Solo
César Angulo Navarro

6
Échele miel
Cristopher Montero Cortales

7
La quinta esquina del cuadrilátero
Paola Valverde

8
El diablo vuelve a casa
Marco Aguilar

9
El diablo vuelve a casa
Randall Roque

10
Intimidades / Intimacies
Odeth Osorio Orduña

Colección
LOS PATIOS DEL TIGRE
Nuevas raíces – Nuevos maestros
(Homenaje a Miguel Ángel Bustos)

1
Fragmentos Fantásticos
Miguel Ángel Bustos

2
En este asombro, en este llueve
Antología poética 1983-2016
Hugo Mujica

3
Bostezo de mosca azul
Álvaro Miranda

Para los que piensan al árbol como la primera tentación, igual que Olga Orozco, este libro se terminó de imprimir simultáneamente en el mes de mayo de 2020 en los Estados Unidos de América.

www.ingramcontent.com/pod-product-compliance
Lightning Source LLC
Chambersburg PA
CBHW020331170426
43200CB00006B/343